AF192824

Dirección editorial: M.ª Jesús Díaz
Textos: Mar Benegas
Revisión: Isabel López
Ilustraciones: Cristina de Cos-Estrada
Maquetación y diseño: Estelle Talavera Baudet

© SUSAETA EDICIONES, S.A.
C/ Campezo, 13 - 28022 Madrid
Tel.: 91 3009100 - 91 3009118
www.susaeta.com

D.L.: M-30085-MMXIV

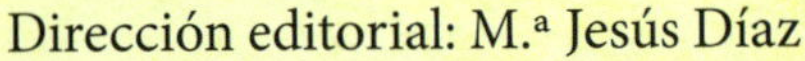

Mi gran libro de
POSTRES

ESTE ES UN LIBRO PARA

MAESTROS REPOSTEROS

PARA USAR ESTE LIBRO TIENES QUE TENER EN CUENTA ALGUNOS DETALLES:

1- Recuerda que un maestro repostero no se olvida de ponerse un **DELANTAL** ni de **LAVARSE LAS MANOS** con jabón antes de entrar en la cocina. Ah, ni del **GORRO**, por supuesto.

2- Necesitas **UN PINCHE.** Para hacer muchas de las recetas de este libro hay que usar utensilios peligrosos (cuchillos, batidoras, etc.) o utilizar el fuego y el horno, y manipular cosas muy calientes. Para todo ello NECESITARÁS UN PINCHE, un adulto que te eche una mano, NO TE VAYAS A HACER DAÑO.

3- Recuerda que **NO HAY QUE ABUSAR DEL DULCE,** que no es bueno para la salud. Aunque hay recetas con frutas, bien saludables, la mayoría son de repostería; riquísimas, sí, pero para tomarlas una vez a la semana o cada 15 días. El dulce, como todo, CON MODERACIÓN.

VOCABULARIO REPOSTERO

MANGA PASTELERA: No, no tienes que ir a la pastelería a coger la manga de la camisa de la señora que trabaja allí, no. Se trata de un utensilio, cilíndrico, con boquillas intercambiables, que sirve para decorar los postres (con nata, merengue, chocolate, etc.). ES DIVERTIDÍSIMO USARLA.

A PUNTO DE NIEVE: No es que tengas que meter las claras del huevo en el congelador hasta que estén a punto de congelarse. Se trata de batir y montar las claras hasta conseguir un merengue sólido.

MONTAR NATA: Se trata de batir la nata líquida hasta que se quede como la de los pasteles y las tartas: NATA MONTADA. Para montar nata, TIENE QUE ESTAR BIEN FRÍA, tener un mínimo de 35 % de materia grasa y NO USAR UN RECIPIENTE METÁLICO, sino de plástico.

BAÑO MARÍA: Es una técnica para cocinar. Metes el alimento que quieras calentar en un recipiente y luego introduces ese recipiente en otro con un poco de agua. Este segundo recipiente (cazo o bandeja de metal) es el que estará sobre la fuente de calor. Esta técnica sirve para hacer flanes, por ejemplo, en el horno, pero también para fundir lentamente chocolate al fuego.

Bueno, pues si tienes claros estos puntos, te has lavado las manos, puesto el delantal y el gorro de cocinero y avisado a tu pinche... ¡YA PUEDES COMENZAR! ¡Manos a la masa!

¡CREMAS Y GELATINAS!

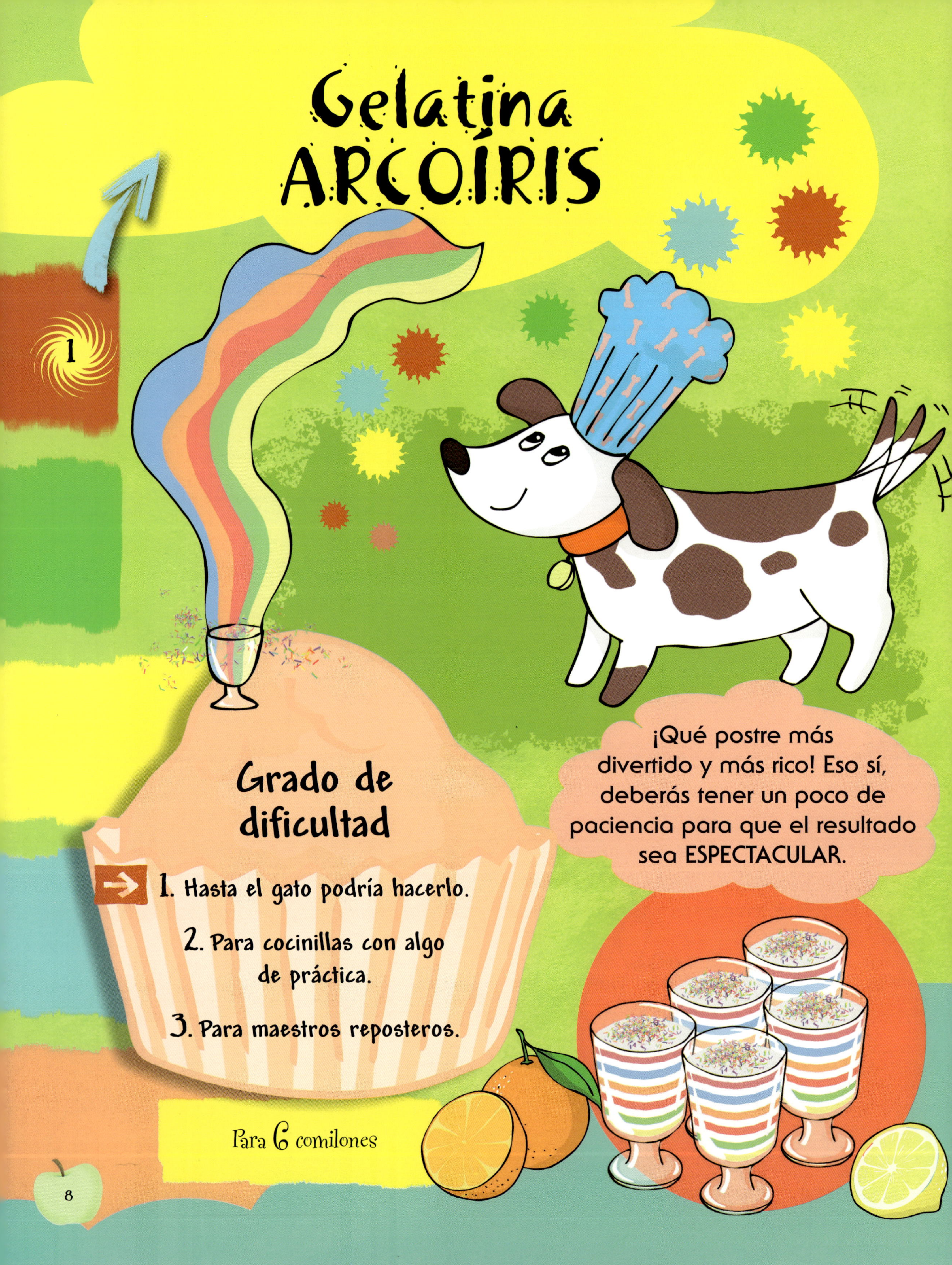

Gelatina ARCOÍRIS

1

Grado de dificultad

1. Hasta el gato podría hacerlo.

2. Para cocinillas con algo de práctica.

3. Para maestros reposteros.

Para 6 comilones

¡Qué postre más divertido y más rico! Eso sí, deberás tener un poco de paciencia para que el resultado sea ESPECTACULAR.

Ingredientes (*)

- 6 sobres de gelatina de sabores (de las que más te gusten). Nosotros hemos elegido: un sobre amarillo (de limón), otro sobre verde (de menta), uno rojo (de fresa), uno naranja (de naranja), uno azul (tropical) y uno granate (de frambuesa), pero tú puedes elegir otros colores.
- 12 láminas de gelatina neutra (sin color).
- 6 yogures naturales azucarados.
- 1/2 l de agua por cada sobre de gelatina (**).

Cacharritos

- 6 copas (transparentes) de tubo para postre.
- Cuenco grande (para más de 1/2 l).
- Cazo (para calentar agua).
- Tacita.
- Cucharón (para mezclar).
- Recipiente ancho.

Decoración

- Virutas de colores.

(*) Todos los ingredientes se consiguen sin problemas en el supermercado.
(**) Estas medidas pueden variar según el tipo de gelatina; mira las instrucciones para ver las medidas exactas de agua.

Paso 1

Empieza con la GELATINA AMARILLA. Vacía su contenido en un cuenco. Del 1/2 l de agua fría que tienes reservada, toma una tacita y añádela al cuenco junto con los polvos de gelatina.

(*) Ojo con este paso. Que te ayude un adulto, no te vayas a quemar.

Paso 2

Calienta el resto del agua en un cazo hasta ebullición (*). Luego añade ese agua caliente a la gelatina y remueve hasta que esté todo completamente disuelto. Deja enfriar un poco.

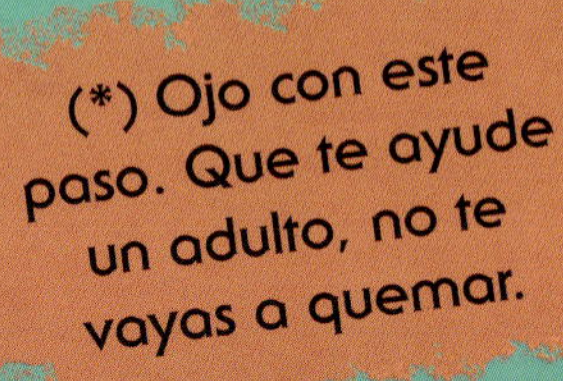

Paso 3

Cuando la gelatina amarilla esté tibia, tienes que distribuirla en las copas. En cada copa pones un poco, de modo que quede como una de las franjas del arcoíris (**).

(**) Según vaya quedando vacío el cuenco, lávalo y sécalo, pues vas a necesitarlo de nuevo en breve.

Paso 4

Mete las seis copas en el frigorífico hasta que se solidifique la gelatina. No tardará mucho en enfriarse y endurecerse.

En un recipiente ancho pon
dos láminas de gelatina neutra
en remojo con agua fría. Con
dos o tres minutos sobrará.
Una vez hidratada (cuando
se hinche y se reblandezca),
escúrrela y ponla en un cuenco
con una tacita de agua
calentada previamente;
remueve hasta su completa
disolución. Deja enfriar un poco
y luego mezcla muy bien la
gelatina neutra con uno
de los yogures.

Paso 6

Cuando la gelatina de las copas se haya
solidificado en la nevera, puedes repartir el
primer yogur (que acabas de mezclar con
la gelatina neutra): una capa fina en cada
copa, hasta que lo termines.

¡Ya tienes la segunda franja de color!

Paso 7 ▶

A la nevera de nuevo, hasta que se solidifique también.
Mientras tanto, puedes seguir con el siguiente color.

Paso 8

Ahora toca hacer lo mismo con la **GELATINA VERDE**. Vuelve a realizar los pasos 1, 2, 3 y 4. Después repite igualmente los pasos 5, 6 y 7 con otro yogur para obtener otra capa blanca.

Paso 9

Es el turno de la **GELATINA ROJA**. El proceso es un poco largo, pero el resultado es fascinante.

Paso 10

Venga, que ya queda menos. Repite los pasos con la **GELATINA NARANJA**. Ya sabes: gelatina (pasos de 1 a 4) y yogur (pasos de 5 a 7). Mmmm, no te lo comas aún, ¿eh? ¡Aguanta un poco!

Paso 11 ▶

De nuevo el mismo proceso con la **GELATINA AZUL**, siguiendo todos los pasos en orden.

Paso 12

Ya casi has terminado. Ahora le toca el turno a la **GELATINA GRANATE**. Después, una capa más de yogur.

Paso 13

Antes de servirlo, no olvides poner unas **VIRUTAS MULTICOLORES** sobre la última capa de yogur.

¡YA TIENES TU DELICIOSO POSTRE ARCOÍRIS DE GELATINA!

Natillas piratas con isla del tesoro

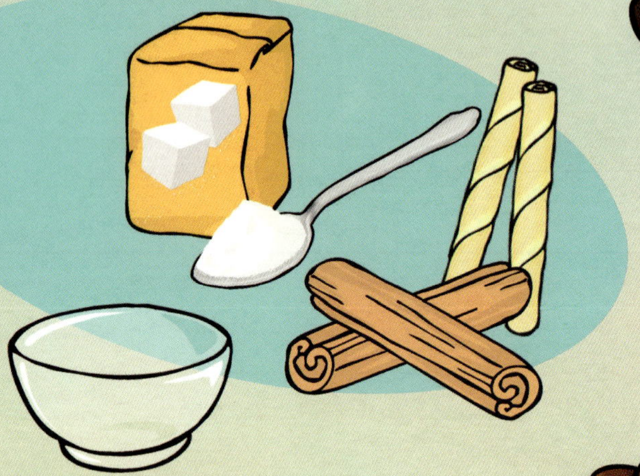

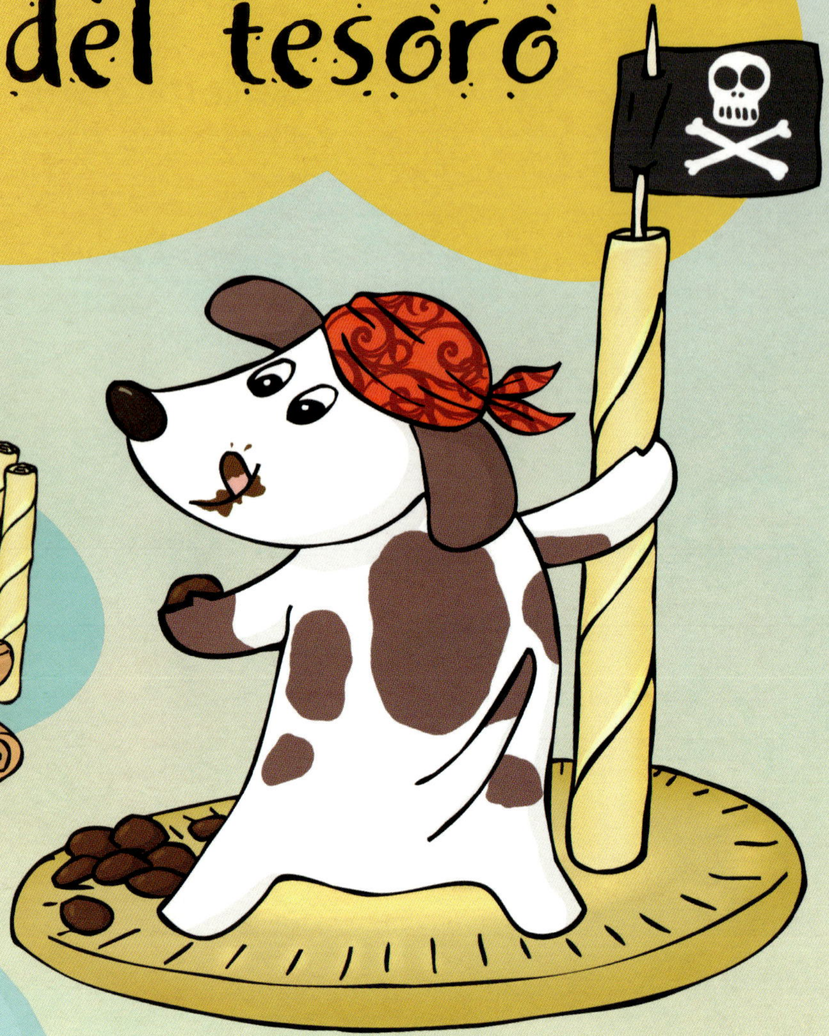

Grado de dificultad

1. Hasta el gato podría hacerlo.
2. → Para cocinillas con algo de práctica.
3. Para maestros reposteros.

¡Mmmm, las auténticas natillas de la abuela con islas de merengue!

Para 6 comilones

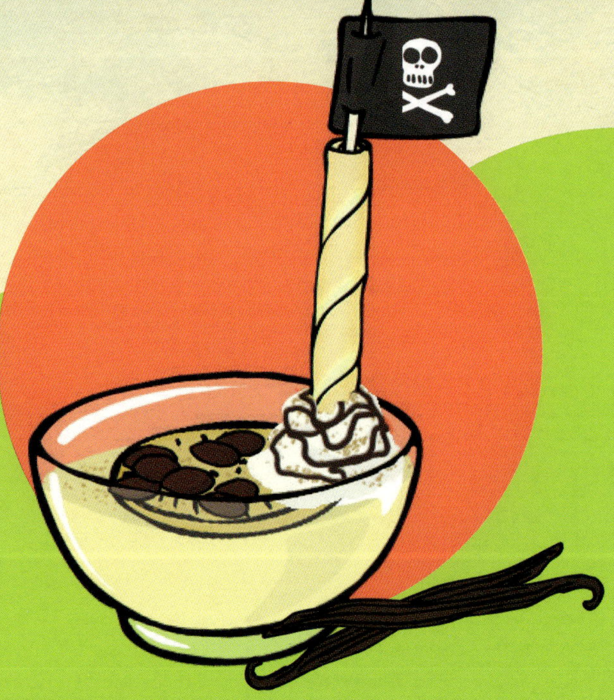

Con las manos en la masa

Ingredientes (*)

- 4 huevos.
- 8 cucharadas (grandes y colmadas) de azúcar.
- 4 gotas de esencia de vainilla (**) o una vaina de vainilla natural.
- Una rama de canela.
- La cáscara de un limón.
- 1/2 l de leche.
- Una cucharadita de maicena.

Cacharritos

- Separaclaras (o un poco de maña).
- Batidora con varillas de montar.
- Varillas de batir manuales.
- Recipiente hondo.
- Cazo para el fuego.
- Cucharilla.

Decoración

- 6 cuencos transparentes.
- 6 galletas.
- 6 barquillos.
- Canela en polvo.
- Perlas de chocolate.
- Sirope de chocolate o caramelo.
- Un palillo y un trozo de cartulina negra (la bandera).

(*) Te recomendamos que para hacer este postre, al menos las primeras veces, te ayude un adulto; hay cosas un poco complicadas para las que necesitarás un pinche. Además, hay que usar la cocina.

(**) La venden en supermercados.

Paso 1

Separa las yemas de las claras y reserva tanto unas como otras (*).

(*) Puedes usar el utensilio que existe a tal fin (las batidoras, en sus accesorios, suelen tener uno), pero también puedes hacerlo a la vieja usanza: partes el huevo y separas la cáscara en dos. Luego, con cuidado, vas pasando la yema de una mitad a otra de la cáscara. La clara irá desprendiéndose y separándose de la yema.

Paso 2

Pon a calentar la leche en un cazo. Añade la canela en rama, la esencia de vainilla (si es vainilla natural, hazle un corte transversal a la vaina) y la cáscara del limón (recuerda lavarlo bien antes). Cuando comience a hervir, apaga y retira del fuego. Deja dentro la cáscara y la canela en rama para que quede el sabor en la leche.

Paso 3

En un recipiente bien grande (tiene que caber luego la leche) mezcla las yemas, cuatro cucharaditas de azúcar y una cucharadita de maicena. Mezcla muy bien, con las varillas de batir, hasta que quede una pasta homogénea.

Paso 4

Ahora añade la leche tibia (recuerda sacar la cáscara del limón y la canela). ¡¡OJO, ES IMPORTANTE QUE AÑADAS LA LECHE A LAS YEMAS, Y NO AL REVÉS!! Hazlo muy poco a poco y sin dejar de mezclar.

Paso 5

Ahora vuelve a calentar toda la mezcla a fuego bajo hasta que esté a punto de hervir. ¡NO DEJES HERVIR o se estropearán las natillas!

Paso 6

Retira del fuego. Pasa las natillas a los cuencos y recuerda poner una galleta en cada uno. Deja enfriar en la nevera.

Nota: si no te gusta el merengue, YA TIENES LISTAS LAS NATILLAS DE LA ABUELA. Solamente tendrás que espolvorear la canela en polvo al servir. ¡Verás QUÉ RICAS!

Paso 7

Ahora es el momento de hacer las deliciosas ISLAS DE MERENGUE. ¿Recuerdas que has reservado las claras y la mitad del azúcar? Pues ha llegado su turno. Echa las claras en un recipiente bastante hondo. Añade las cuatro cucharaditas de azúcar.

Paso 8

Bate con las varillas de montar de la batidora durante el tiempo necesario. Verás cómo la mezcla se va levantando y espesando, poco a poco, hasta ir tomando consistencia. Cuando el merengue está en su punto, se dice que las claras están «A PUNTO DE NIEVE» porque queda blanco y sólido como la nieve cuajada. ¡Si le das la vuelta no caerá!

18

Solamente queda decorar las islas piratas. ¿Recuerdas que cada cuenco con natillas tenía una «isla de galleta»? Pues ahora pon un poco de merengue encima.

Paso 10

Después espolvorea con un poco de canela en polvo. Decora con los dos siropes y reparte las perlas de chocolate a modo de tesoro.

Paso 11

¿Te atreves a hacer una bandera pirata? Mira cómo. Pincha la cartulina negra dos veces (entrada y salida) con un palillo de dientes. Luego inserta el palillo en el barquillo y solo sobresaldrá la banderita negra.

Entonces sí tendrás una auténtica ISLA PIRATA DE NATILLAS.

Si eres muy manitas, pinta una diminuta calavera en la bandera y te aplaudirán.

Batido con cubitos de chocolate

Grado de dificultad

1. Hasta el gato podría hacerlo.

2. Para cocinillas con algo de práctica.

3. Para maestros reposteros.

Para 1 comilón

Pequeñas explosiones de chocolate en tu batido…
¡ES FANTÁSTICO!

Con las manos en la masa

Ingredientes

- 200 ml de helado de vainilla (un vaso) (*).
- 400 ml de leche (2 vasos).
- Un plátano.
- 6/8 cucharadas de chocolate en polvo (a la taza).

Cacharritos

- Cazo.
- Batidora.
- Cuchara (para remover).
- Cuchillo.
- Cubitera.
- Vaso alto de cristal.

Decoración

- Cacao en polvo.
- Pajita.

(*) Tienes la receta, por si quieres hacer tú el helado, en la página 48.

Paso 1

Empieza por hacer los CUBITOS DE CHOCOLATE. Primero calienta 200 ml de leche hasta llevarla casi a ebullición (cuidado con el fuego). Cuando esté caliente, añade el chocolate a la taza sin parar de remover. Tiene que quedar bien espeso. Luego deja que se enfríe un poco pero sin que deje de estar líquido.

Paso 2

Pasa el chocolate a la cubitera. Solamente tienes que meterla en el congelador para obtener tus cubitos de chocolate. Déjalo en el congelador hasta que esté listo.

Paso 3

Ahora ponte con el BATIDO DE VAINILLA Y PLÁTANO. Lo primero que vas a hacer es trocear (*) el plátano. ¡También puedes partirlo con las manos!

(*) Cuidado con el cuchillo. Si te ayudan, mejor.

Paso 4

Luego pon los trocitos en el vaso alto de la batidora y añade 200 ml de leche. Bátelo un poco.

Paso 5

Ahora añade 200 ml de helado de vainilla y termina de batir bien batido. Huele bien, ¿verdad? Si queda muy espeso, puedes añadir leche a tu gusto. Solo falta pasarlo al vaso.

Paso 6

Saca del congelador los cubitos de chocolate y desmolda los que vayas a usar. Añádelos a tu vaso de batido. Para rematar, espolvorea un poco de cacao, introduce la pajita y listo. ¡¡Mmmm, ESTÁ RIQUÍSIMO!!

Mousse de chocolate con volcán de nata

Grado de dificultad

1. Hasta el gato podría hacerlo.

2. Para cocinillas con algo de práctica.

3. Para maestros reposteros.

Para 6 comilones

¡Un postre para verdaderos *gourmets*, pero SIN MIEDO A LOS VOLCANES!

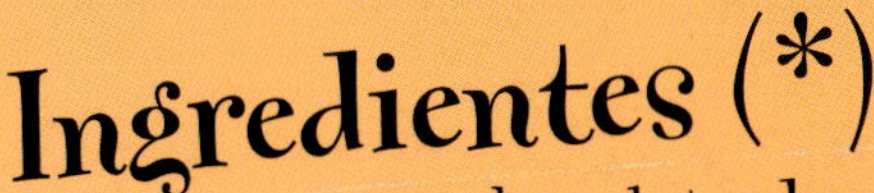

Ingredientes (*)

- 200 g de chocolate de cobertura (para fundir).
- 4 huevos.
- 8 cucharadas de azúcar.
- 2 cucharadas de mantequilla.

Cacharritos

- Batidora con utensilio de montar.
- Varillas de batir manuales.
- Manga pastelera.
- Separaclaras.
- Cazo.
- Recipiente de metal que quepa en el cazo.
- Recipiente hondo o cuenco.
- Cuchara de madera.
- 6 copas para la *mousse*.

Decoración

- 250 g de nata montada.
- Sirope de chocolate.
- Cacao en polvo.

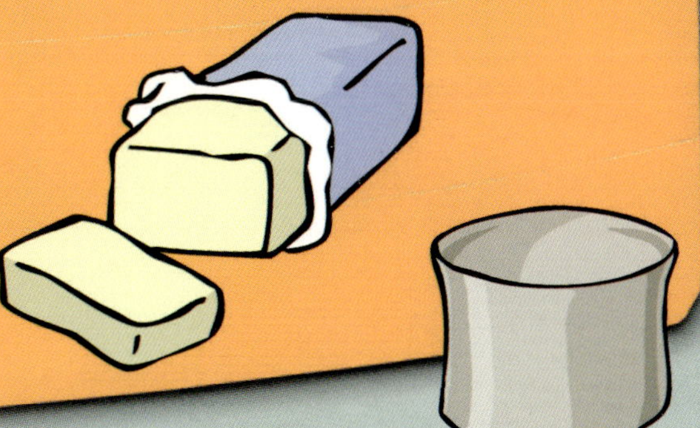

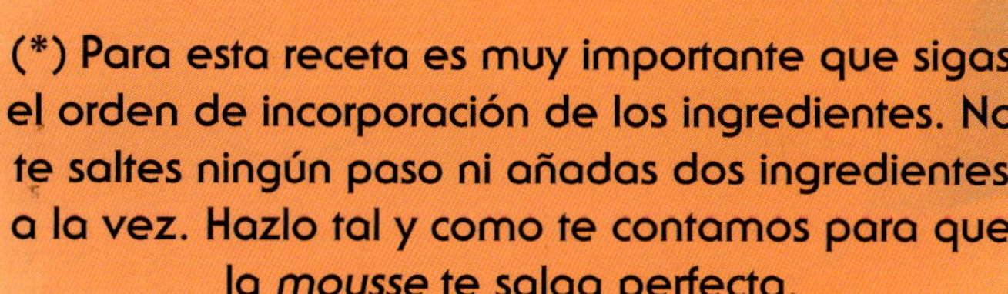

(*) Para esta receta es muy importante que sigas el orden de incorporación de los ingredientes. No te saltes ningún paso ni añadas dos ingredientes a la vez. Hazlo tal y como te contamos para que la *mousse* te salga perfecta.

Paso 1

Separa las yemas de las claras (*) y reserva, yemas y claras, en el frigorífico.

(*) Ya te hemos enseñado cómo se hace en el paso 1 de la receta de las natillas (pág. 16). Puedes hacerlo a mano o con el utensilio especial de la batidora.

Paso 2

Ahora tienes que fundir el chocolate. Puedes hacerlo al baño maría (**): pon el chocolate troceado en un recipiente e introduce ese recipiente en otro que contenga agua. Este último se pondrá sobre el fuego hasta que el chocolate del otro vaso se funda (***).

(**) Definición en página 5.
(***) O en el microondas, a poca potencia y sacándolo cada pocos segundos para removerlo.

Paso 3

Con el chocolate todavía caliente, añade el azúcar.
Si lo has fundido al baño maría, puedes hacerlo
todavía al fuego, a potencia mínima: de este
modo el azúcar se deshará mejor.

(*) Si lo has fundido en el microondas, mezcla bien usando
las varillas para que el azúcar se disuelva correctamente.

Paso 4

Retira del fuego y añade dos cucharaditas de
mantequilla. Mezcla de nuevo muy bien.

Paso 5

Ahora añade las yemas,
UNA A UNA. Mézclalas con las
varillas según las vayas
incorporando.

Paso 6

Volviendo al baño maría, remueve
con las varillas durante tres minutos,
despacio. Así conseguirás que se
mezclen bien los sabores de
todos los ingredientes. Reserva
y deja templar en la nevera.

Mientras se templa, tienes que montar las claras A PUNTO DE NIEVE (*). Bátelas con el accesorio de montar de la batidora hasta que queden totalmente blancas y sólidas, hechas merengue.

(*) Ver definición en página 5.
O bien el paso 8 de la página 18.

Paso **8**

Ahora tienes que mezclar el chocolate con las claras a punto de nieve. IMPORTANTE: AÑADE EL CHOCOLATE A LAS CLARAS (no a la inversa) MUY POCO A POCO, y mezcla con las varillas, despacio, con movimientos circulares y suaves. De este modo el aire del merengue no se perderá y TENDRÁ LA CONSISTENCIA ESPONJOSA QUE NECESITA LA *MOUSSE*.

Paso **9**

Solo falta que pases la *mousse* a las copas o vasos individuales y... ¡a la nevera dos horas!

Paso **10**

¡A DECORAR LOS VOLCANES!
Introduce la nata en la manga pastelera. De manera circular, desde el centro hacia fuera, ve creando UNA MONTAÑA DE NATA. También de abajo hacia arriba. SERÁ EL «VOLCÁN».

Paso 11

Una vez que tengas tu volcán de nata, es hora de crear la «LAVA», que será el sirope de chocolate. Empieza a dejarlo caer desde el centro y, como si rebosara, derrámalo por los costados del volcán. ¡¡Cuidado, ha entrado en erupción!!

Paso 12

Por último, NO HAY VOLCÁN SIN CENIZA. Falta el cacao en polvo, que será, a modo de lluvia, el colofón perfecto. Ahora… ¡A COMERSE ESOS DELICIOSOS VOLCANES DE NATA Y *MOUSSE* DE CHOCOLATE! ¡Mmmm!

Panacota de tres chocolates

A pesar de su apariencia de postre de restaurante parisino, es MUY SENCILLO DE HACER. ¡¡Y riquísimo!!

Grado de dificultad

1. Hasta el gato podría hacerlo.

2. Para cocinillas con algo de práctica.

3. Para maestros reposteros.

Para 6 comilones

Ingredientes

- 100 g de chocolate *fondant* (*).
- 100 g de chocolate blanco.
- 100 g de chocolate con leche.
- 9 cucharaditas de azúcar.
- 1 l de nata líquida.
- 12 láminas de gelatina neutra.

Cacharritos

- Moldes para flan (**).
- Manga pastelera.
- Pincel fino de cocina.
- Cazo.
- Cuchara de madera y cucharilla.
- Recipiente (para ablandar la gelatina).

Decoración

- Otros 100 g de chocolate *fondant*.
- Un poco de nata montada.

(*) Se trata de un chocolate especial para repostería, perfecto para fundir.
(**) Pueden ser de silicona blanda, con formas bonitas (estrellas, flores…), los que más te gusten, aunque también se pueden hacer con moldes normales.

Paso 1

Empieza por la PANACOTA DE CHOCOLATE NEGRO.
Divide la nata líquida en tres partes
más o menos iguales (cada una de
33 cl) y reserva. Con cada parte harás
la panacota de un color distinto.

Paso 2

En un recipiente con agua fría echa cuatro láminas de
gelatina para que se vayan desliendo (*) en el agua.

(*) Desleír: Disolver y desunir las partes de
algunos cuerpos por medio de un líquido.

Paso 3

Pon a fuego lento una de las
tres partes de nata líquida.
Recuerda: NO DEBE LLEGAR A
HERVIR. Cuando la nata esté
caliente puedes ir echando
los 100 g de chocolate negro
fondant, troceado, para que se
vaya deshaciendo poco a poco,
sin dejar de remover. Luego
añade tres cucharaditas de
azúcar y retira del fuego.

Paso 4

Añade al cazo la gelatina (que previamente has
ablandado en el agua), junto con la nata bien caliente
todavía, para que se disuelva correctamente:

Paso 5

Ahora ya puedes pasar la mezcla a los moldes: una capa fina en cada uno de ellos. Será la primera base de nuestra panacota tricolor. Luego deja enfriar tres horas en la nevera.

Paso 6

Ahora manos a la obra con la PANACOTA DE CHOCOLATE CON LECHE. Para hacer el segundo color, como ya habrás adivinado, tienes que repetir todos los pasos (del 1 al 5) con otra parte de la nata. SOLAMENTE CAMBIARÁ EL CHOCOLATE, QUE ESTA VEZ SERÁ CON LECHE y tendrá un color más claro.

Paso 7

Esta vez deja que la segunda panacota se temple un poco, porque, si no, derretirá la primera capa. Cuando por fin esté tibia, saca de la nevera la panacota de chocolate negro y añade una capa de este chocolate más claro. Mételo de nuevo a la nevera otras tres horas. Sí, es verdad, hay que esperar mucho, pero vale la pena, ya verás.

Paso 8

Solamente falta la PANACOTA DE CHOCOLATE BLANCO. Tooooodo igual otra vez y, al terminar, DE NUEVO A LA NEVERA. Una vez frío, y antes de servirlo…

Paso 9

…¡¡A DECORAR!! Solamente tienes que fundir otros 100 g de chocolate *fondant*.

Paso 10

Desmolda las panacotas y ponlas en los platos. ¿HAS VISTO QUÉ BIEN QUEDAN?

Paso 11

Con la manga pastelera (*) decora con nata, todo alrededor, la panacota tricolor.

(*) Ver definición en página 5.

Paso 12

Por último, moja un pincel fino de cocina en el *fondant* (calentito) y deja caer hilillos de chocolate sobre la panacota, la nata montada e incluso el plato. Puedes hacer los dibujos o formas que más te gusten.

Paso 13

Como la panacota y la nata están fresquitas, el fondant se enfriará rápidamente y formará unos hilos de chocolate deliciosos y crujientes.

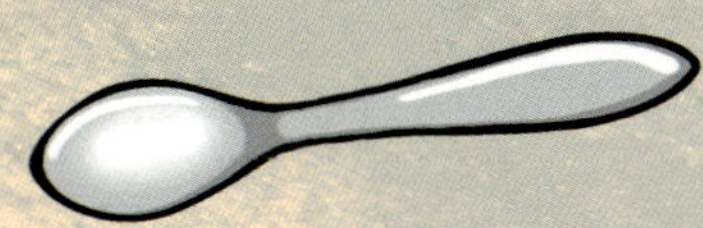

¡HELADOS Y GRANIZADOS!

Polos con ositos multicolores

Un postre colorido y lleno de diversión, ¡con sorpresa en el interior!

Grado de dificultad

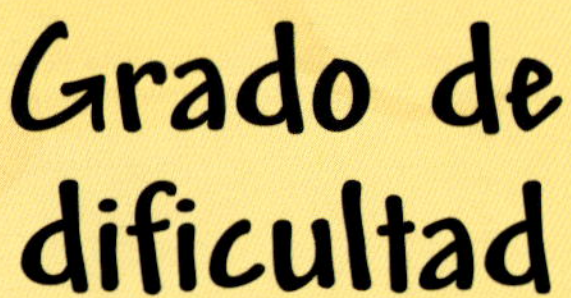

1. Hasta el gato podría hacerlo.

2. Para cocinillas con algo de práctica.

3. Para maestros reposteros.

Para 6 u 8 comilones

Con las manos en la masa

Ingredientes

- Una piña natural (*)
- Ositos de gominola multicolores.

Cacharritos

- Moldes de polo para el congelador (de los que tienen tapa).
- Licuadora (**).
- Jarra.
- Recipiente para licuadora.
- Cuchillo (***).

(*) Puedes usar otra fruta o bebida que te guste, pero es recomendable que no sea de un color muy oscuro, para que el contraste quede vistoso y divertido.

(**) Si no tienes licuadora puedes usar zumo de piña ya envasado.

(***) OJO CON LOS CUCHILLOS, que te echen una mano por si acaso; la piel de la piña es dura.

Paso 1

Pela y corta la piña.
Ya sabes, es mejor que
te ayude un adulto.

Paso 2

Pasa los trocitos de
piña por la licuadora
hasta obtener su
zumo. Resérvalo
en un recipiente.

Paso 3

Toma los moldes
de los polos y
echa las gominolas
de colores.

Paso 4

Rellena con el zumo.
¡OJO!: no llenes
del todo los
moldes; piensa
que el líquido,
al congelarse,
siempre se dilata y
podría romper los
moldes o salirse.

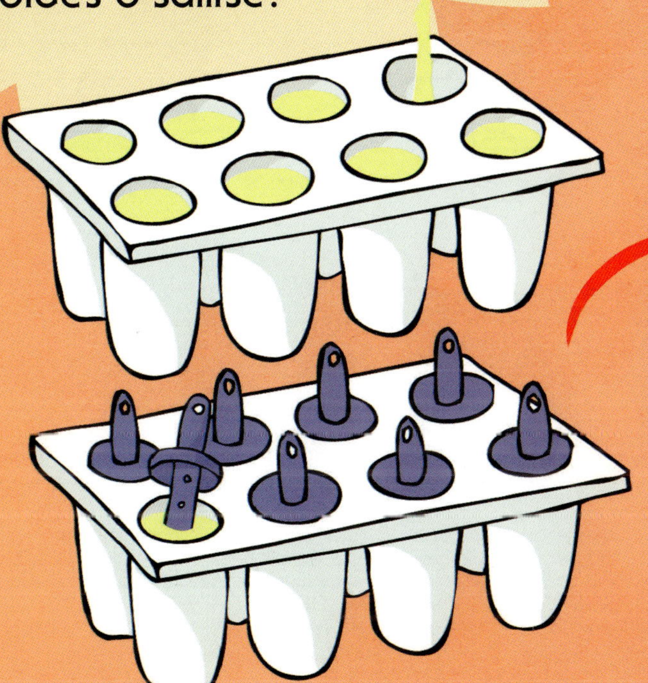

Paso 5

Tapa los moldes e introduce en
el congelador. Si los puedes dejar
tumbados, no se quedarán todas las
golosinas en la parte de abajo. Eso sí,
¡solo si te aseguras de que no se
sale el líquido!

Paso 6

Espera tres o cuatro horas.
Comprueba que los polos
están bien congelados. Será
el momento de desmoldarlos y…
¡qué buenísimos, refrescantes
y divertidos POLOS CON OSITOS
MULTICOLORES!

Vaso comestible con helado de limón

¿Te imaginas tomarte un delicioso helado y después comerte también el vaso? Aquí verás cómo es posible y, además, ¡riquísimo!

7

Grado de dificultad

1. Hasta el gato podría hacerlo.

→ 2. Para cocinillas con algo de práctica.

3. Para maestros reposteros.

Para 4 comilones

Con las manos en la masa

Ingredientes

- 400 g de chocolate para fundir (para cuatro vasitos).
- 2 limones grandes.
- 4 yogures de limón.
- 400 g de leche condensada.

Cacharritos

- Colador.
- Exprimidor.
- Cuchara de madera.
- 4 moldes flexibles con forma de vasito.
- Pincel de cocina.
- Recipiente para calentar al baño maría (*).
- Cazo.
- Vaso de vidrio.

Decoración

- 8 barquillos.

(*) Ver definición en página 5.

Paso 1

Empieza por los VASITOS DE CHOCOLATE. Primero hay que fundir el chocolate en el microondas (*) o al baño maría (**).

(*) Si lo haces en el microondas, que sea a baja potencia y sacándolo cada 30 segundos para remover.
(**) Ver definición en página 5.

Paso 2

Ahora, una vez fundido, toca «pintar» los moldes de vaso con el pincel de cocina. Solo tienes que pintar el fondo y las paredes del interior hasta que quede totalmente cubierto.

Paso 3

Introduce los moldes «pintados» de chocolate en la nevera. Déjalos ahí hasta que se endurezca del todo.

Paso 4

Mantén el chocolate TEMPLADO (¡ojo, que no esté muy caliente!). Una vez que se ha solidificado el chocolate de los vasitos, REPITE la operación: PÍNTALOS DE NUEVO. Así, poco a poco, se irá formando una capa sólida de chocolate con forma de vaso.

Paso 5

Una vez que termines con todo el chocolate y esté bien duro (tras un buen rato en la nevera) y cubierto el molde, solo tendrás que DESMOLDAR Y RESERVAR EN FRÍO. Ya tienes tus estupendos VASOS COMESTIBLES.

Paso 6

Ahora, manos a la obra con el HELADO DE CREMA DE LIMÓN. Primero exprime el zumo de los dos limones.

Paso 7

Luego pásalo por el colador y reserva. Procura que no pase nada de pulpa.

Paso 8

En un recipiente grande mezcla la leche condensada con los cuatro yogures de limón.

Paso 9

Una vez que esté bien diluido, añade el zumo de limón y de nuevo mezcla enérgicamente.

Paso 10

Solo queda ir enfriando el helado cremoso. Mét-elo en el congelador y sácalo cada 30 minutos para removerlo muy bien. Vuelve a introducirlo en el congelador. De este modo, a la hora de servir estará bien cremoso.

Paso 11

Una vez que el helado esté en su punto (bien cremoso), solo tienes que verterlo en los vasitos de chocolate y decorar con los barquillos. ¡Ya está listo para servir!

¿HAS VISTO QUÉ PINTA MÁS DELICIOSA TIENE? Estás hecho todo un repostero.

Payaso de helado

¡Un payasete de helado muy comestible! ¡Muérdele su roja nariz!

8

Grado de dificultad

1. Hasta el gato podría hacerlo.

2. Para cocinillas con algo de práctica.

3. Para maestros reposteros.

Para 6 u 8 comilones

Con las manos en la masa

Ingredientes

- 250 ml de leche.
- 500 ml de nata para montar (mínimo 35 % MG) (*).
- 150 g de azúcar.
- 3 yemas de huevo.
- Una vaina de vainilla o aroma de vainilla artificial (la cantidad indicada en el envase para aromatizar 1 l).
- 30 g de maicena.

Cacharritos

- Batidora de varillas para montar nata.
- Varillas de batir manuales
- 6 u 8 copas para el helado.
- Espátula o cuchara de madera o plástico.
- Cuchara para helado.

Decoración

- Grageas de chocolate de colores.
- Cucuruchos pequeños de barquillo.
- Fideos de colores.
- Sirope de chocolate.

(*) ¡OJO!: para montar la nata primero échale
un vistazo a la definición de la página 5.

Paso 1

En un cazo pon 125 ml de leche (la mitad), 250 ml de nata para montar (también la mitad), los 150 g de azúcar y la vainilla (la vaina o las gotas de esencia).

Paso 2

Ponlo a calentar a fuego bajo hasta que comience a hervir. En ese momento retíralo del fuego y quita (cuidado, no te quemes) la vaina de vainilla (si la hubieras utilizado).

Paso 3

En otro recipiente diluye los 30 g de maicena con los 125 ml de leche restantes. Después añade las tres yemas de huevo y mézclalo todo con cuidado.

Paso 4

Ahora tienes que unir ambas mezclas. Una vez añadidas las yemas y la maicena, vuelve a poner a fuego medio. Esta vez NO PARES DE REMOVER. Verás que va espesando poco a poco; es por la maicena y las yemas de huevo. Cuando espese del todo, RETIRA DEL FUEGO. ¡YA TIENES LA CREMA!

Ahora toca MONTAR LA NATA restante (250 ml).
Recuerda: tiene que ESTAR FRÍA y NO PUEDES
MONTARLA EN UN RECIPIENTE DE METAL. En unos
5 minutos, con las varillas de montar de la batidora (es muy
fácil), la tendrás lista. Verás que está sólida y que tiene
consistencia; hasta podrás darle la vuelta y no se caerá.

Paso 6

Una vez montada la nata, viene
lo más delicado. Tienes que
añadir la nata a la crema
de vainilla, QUE YA ESTARÁ
FRÍA. Muy poco a poco, con
movimientos circulares y
envolventes, mezcla
con una espátula de
madera. Hazlo MUUUY
DESPACIO, para que
la nata no baje
y la textura
del helado
QUEDE
PERFECTA.

MUY MUY DESPACIO,
CON PACIENCIA, IRÁS
CREANDO TU PAYASO
HELADO.

Paso 7

Una vez bien mezclado, al congelador. ¡OJO!: Durante el proceso de congelación, para que no cristalice, tendrás que sacar y remover varias veces cada 30 minutos.

Paso 8

Cuando el helado esté cremoso puedes pasar a servir y decorar. En las copas de helado echa un poco de sirope en forma de espiral.

Paso 9

Después llénalas de helado de vainilla y aplana un poquito.

Paso 10

Sobre la base de helado pon una bola bien grande, como si hicieras un muñeco de nieve. Será la cabeza del payaso.

Paso 11

Con las grageas de colores harás dos ojitos, una nariz (la gragea más grande y roja que tengas) y la boca.

Paso 12

Con los fideos de chocolate, el pelo (solo en los laterales).

Paso 13

Solo falta EL SOMBRERO, QUE SERÁ EL CUCURUCHO DE BARQUILLO. Colócalo sobre la cabeza del payaso.

Paso 14

Puedes terminar la decoración con un poco de sirope por encima, sobre todo encima del sombrero.

Helados con figuras divertidas

¡Mmmm, igual sirve de postre que de merendola! ¡Delicioso!

Grado de dificultad

1. Hasta el gato podría hacerlo.

2. Para cocinillas con algo de práctica.

3. Para maestros reposteros.

Para 4 o 6 comilones

Con las manos en la masa

Ingredientes

- 6 láminas de gelatina neutra.
- 2 yogures de sabores (los que más te gusten).
- Frutas a tu gusto. Nosotros lo haremos con 8 fresas y 3 kiwis (*).
- Agua (para hidratar la gelatina).

Cacharritos

- Batidora.
- Bandeja.
- Cuchara.

Decoración

- Palitos de polo.
- Cubiteras de formas divertidas (de goma blanda o de bolsa).

(*) Lo divertido es que escojas frutas de colores muy vivos y distintos entre sí para que el helado quede muy vistoso.

Paso 1

Hidrata las láminas de gelatina con agua tibia.

Paso 2

Ahora mezcla la mitad de la gelatina con los dos yogures; la otra mitad tienes que reservarla para después, pues la usaremos con la fruta.

Paso 3

Con esta mezcla de yogur prepara cuatro o seis piruletas encima de la bandeja. Luego coloca un palo de polo sobre cada una.

Paso 4

Mete en la nevera la bandeja para que la gelatina vaya solidificándose, pero SIN CONGELAR todavía.

Paso 5

Vamos a por las formas hechas de fruta. Lava bien las fresas y pela el kiwi. Tritúralo con la batidora o la licuadora, pero ojo: POR SEPARADO. Para que no quede demasiado líquido, mezcla la fruta con el resto de la gelatina que te quedaba, la mitad para los kiwis y la otra mitad para las fresas.

Paso 6

Ahora vierte el líquido en las cubiteras con formas divertidas: tendrás cubitos de color verde kiwi y otros de color rosa fresa. Mételas en el congelador.

Paso 7

Una vez solidificadas las piruletas, ya puedes sacarlas de la nevera. Y lo mismo con la cubitera: cuando estén congelados los cubitos, los desmoldas.

Paso 8

Pega la parte «más fea» de los cubitos sobre las piruletas de yogur que están en la bandeja, sólidas y con palo pero todavía sin congelar (*). Al cabo de dos horas de congelador, estarán listas para tomar. ¡Qué divertido y qué rico!

(*) Como el yogur no está congelado, los cubitos se congelarán dentro del yogur en cuanto lo metas al congelador.

Polos con pepitas de chocolate

10

Grado de dificultad

1. Hasta el gato podría hacerlo.

2. Para cocinillas con algo de práctica.

3. Para maestros reposteros.

Para 6 comilones

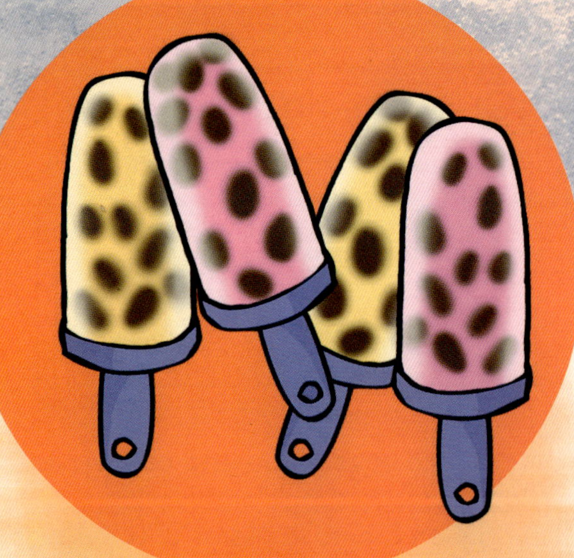

Con las manos en la masa

Ingredientes

- ◎ 2 mangos maduros.
- ◎ 10 fresas.
- ◎ 4 yogures griegos sin azúcar.
- ◎ 4 cucharadas de miel.
- ◎ 8 cucharaditas de pepitas de chocolate.

Cacharritos

- ◎ Moldes para polo.
- ◎ Batidora.
- ◎ Cucharilla.
- ◎ Cuchillo (con cuidado).

¿Sabías que el azúcar es un invento más o menos moderno? Antes se usaba la miel y los frutos secos para realizar los postres.

Paso 1

Empieza con el HELADO DE MANGO. Primero pela y corta los mangos. Tritúralos con la batidora hasta conseguir una pasta. Luego añade dos yogures griegos y vuelve a mezclar. Incorpora dos cucharaditas de miel y mezcla una vez más con alegría, hasta que quede perfecto.

Paso 2

Ahora vierte en los moldes la crema de helado. ¡Recuerda no llenarlos hasta el borde, pues al congelarse aumenta de tamaño!

Paso 3

Por último, echa una cucharadita de pepitas de chocolate en cada helado.

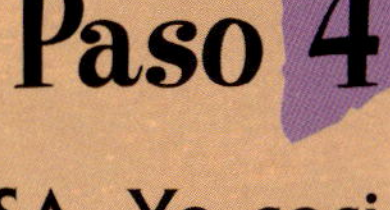

Es el turno del HELADO DE FRESA. Ya casi te lo sabes, ¿verdad? Limpia y trocea las fresas. Luego a la batidora, pero a baja velocidad, para que no quede muy líquido. Añade los dos yogures restantes, mezcla un poco más y añade las dos cucharaditas de miel para endulzar el helado. Bate bien de nuevo.

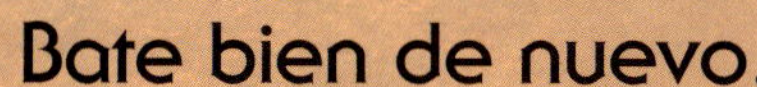

Paso 5

Viértelo en el molde y añade un puñadito de pepitas de chocolate en cada helado. Tapa los moldes y...

Paso 6

¡TODO al congelador durante cuatro horas! Desmolda y.... YA TIENES UNOS DELICIOSOS HELADOS QUE, AL COMERLOS, GUARDAN UNA SORPRESA DE CHOCOLATE EN SU INTERIOR.

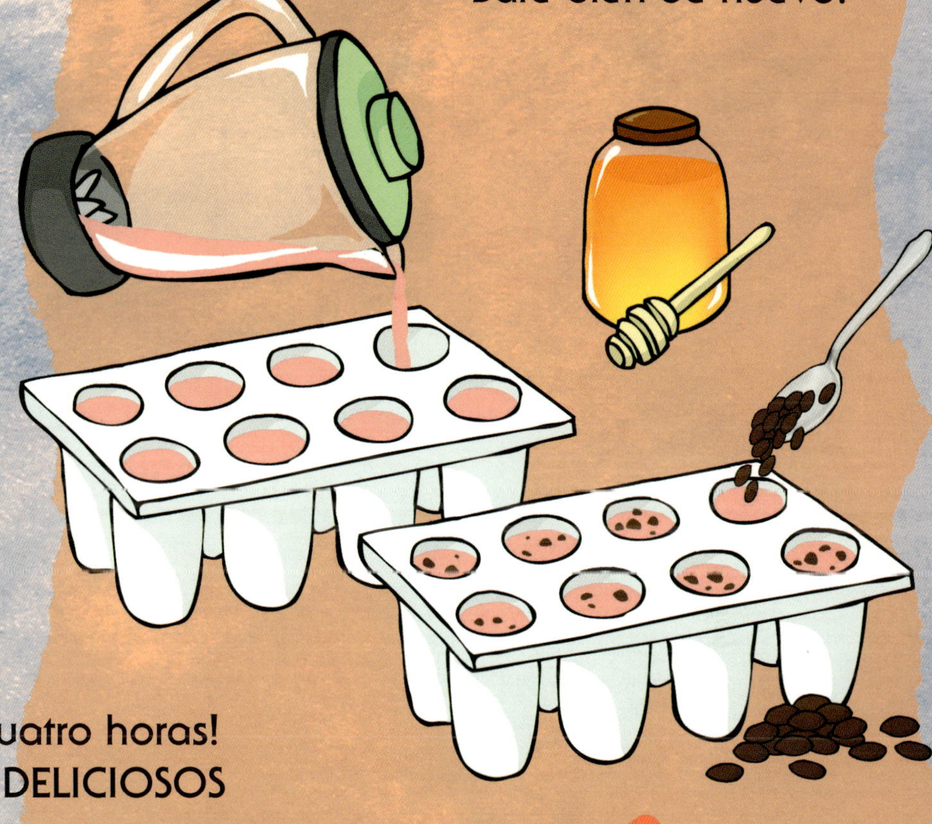

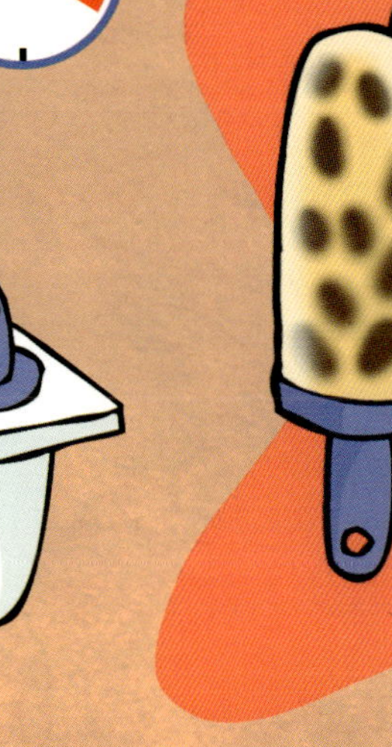

Banana split

No podía faltar, en la sección de helados, el clásico BANANA SPLIT. Seguro que el nombre te suena, ¿verdad?

Grado de dificultad

→ 1. Hasta el gato podría hacerlo.

2. Para cocinillas con algo de práctica.

3. Para maestros reposteros.

Para 2 comilones

Con las manos en la masa

Ingredientes

- Una bola de helado de vainilla (*).
- Una bola de helado de fresa (**).
- Una bola de helado de chocolate (***).
- Un plátano.

Cacharritos

- Cuenco o copa decorativo (alargado, para que quepa el plátano holgadamente).
- Cuchara para helado.

Decoración

- Un poco de nata montada.
- Siropes de chocolate y de fresa.
- Fideos de colores.
- Una guinda.

(*) Si prefieres hacerlo tú, ve a la página 48.
(**) Puedes hacerlo igual que el de vainilla, pero añadiendo 500 g de fresas naturales trituradas en lugar de vainilla.
(***) Puedes hacerlo igual que el de vainilla, pero añadiendo 200 g de chocolate *fondant* en vez de vainilla.

Este postre es para compartir, porque es bien grande, pero si eres un grandísimo comilón, podrás con él tú solo.

Paso 1

Pon el plátano en la base del cuenco. Añade la bola de helado de vainilla, luego la de chocolate y por último la de fresa. ¡Eh, no te lo comas todavía!

Paso 2

Sobre el helado de fresa vierte sirope de fresa; sobre el de chocolate y el de vainilla, el sirope de… ¡chocolate!

Paso 3

Ahora pon una buena montaña
de nata montada encima de las
tres bolas (*). Luego unos pocos
fideos multicolores…

(*) Si quieres montarla tú, lee la
definición de la página 5 o bien
repite el paso 5 de la página 51.

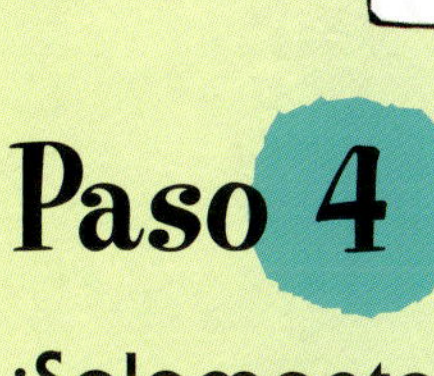

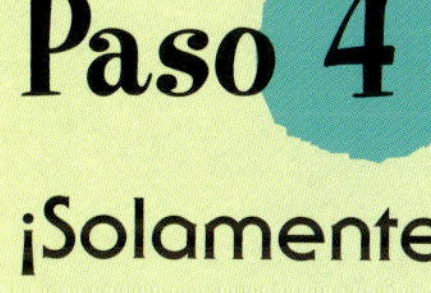

Paso 4

¡Solamente falta la guinda! Y un
poquito de sirope de fresa sobre ella.

Paso 5

¡Mmmm, QUÉ DELICIA DE HELADO!
¡Eso sí, no comas mucho antes o no podrás terminarlo!

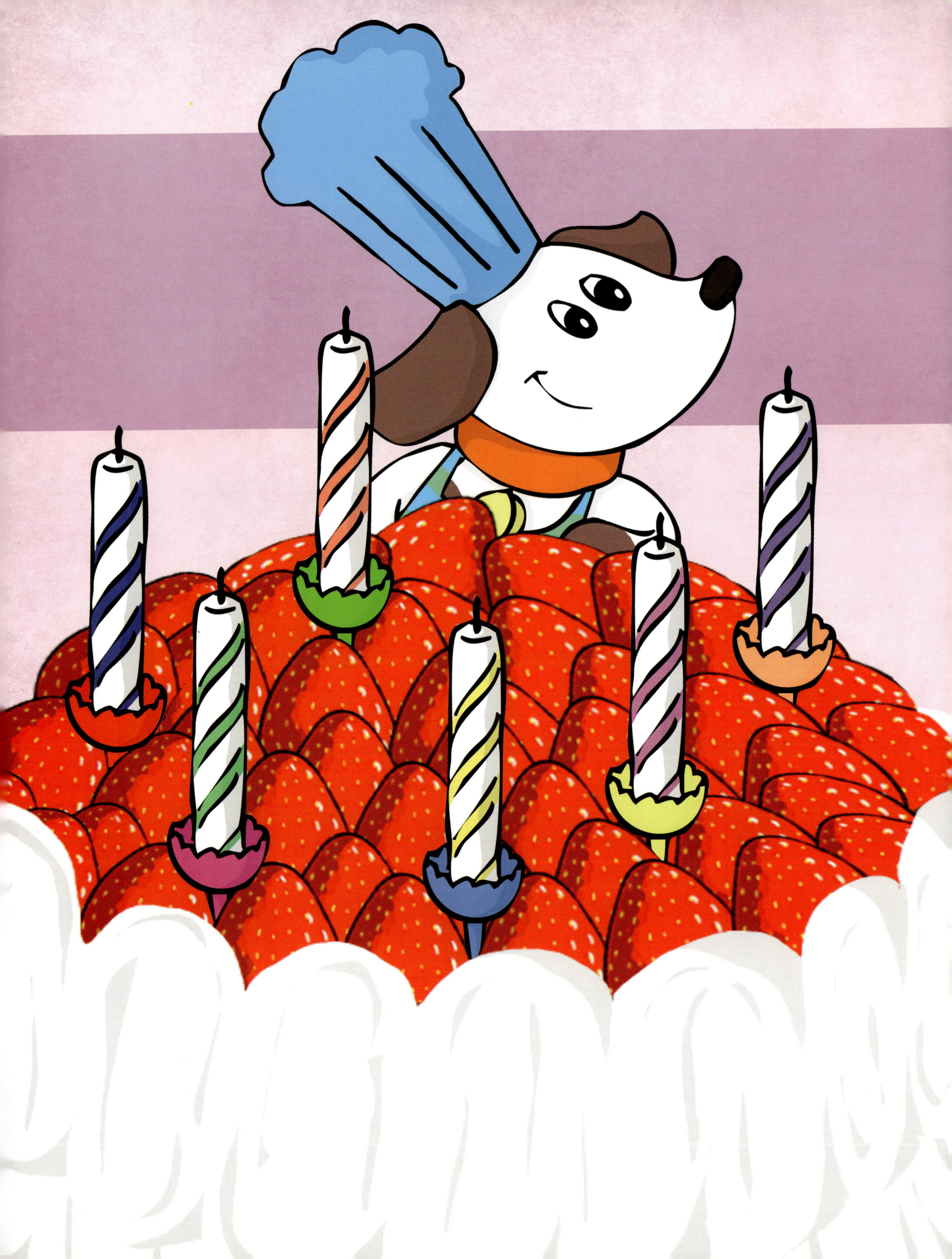

¡TARTAS Y BIZCOCHOS!

Glub glub, ¡un pez de bizcocho!

Se hace en un momentito. Solo necesitas usar el microondas y, además, es **APTO PARA CELÍACOS (*)**.

12

Grado de dificultad

1. Hasta el gato podría hacerlo.

2. Para cocinillas con algo de práctica.

3. Para maestros reposteros.

Para 8 o 10 comilones

(*) Curiosidad alimentaria: los CELÍACOS son las personas que sufren intolerancia al gluten del trigo, por eso NO PUEDEN COMER ALGUNAS DE LAS COSAS QUE COMEMOS LOS DEMÁS.

Con las manos en la masa

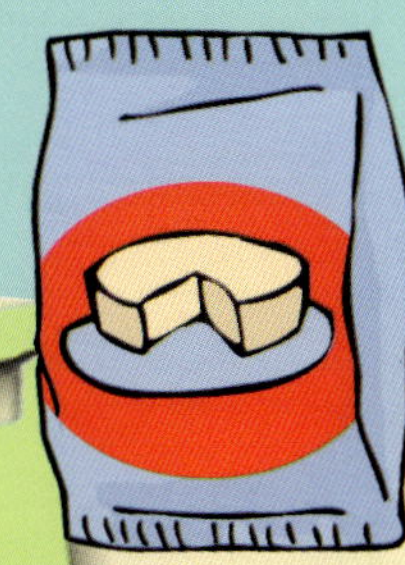

Ingredientes (*)

- 200 g de chocolate puro para fundir.
- 4 huevos.
- 200 ml de nata líquida.
- 8 cucharaditas de azúcar (unos 100 g).
- Un sobre de levadura en polvo (9 g).
- 9 cucharaditas colmadas de harina molida de almendras (125 g) o almendra molida en polvo.
- Un poco de mantequilla o margarina (para el recipiente).

Cacharritos

- Cuenco grande (para mezclar los ingredientes).
- Recipiente pequeño y apto para microondas (para deshacer la cobertura de chocolate).
- Molde para bizcocho (apto para microondas).
- Utensilios para remover y mezclar.
- Batidora.

Decoración

- Grageas de chocolate de muchos colores (que sean redondas y pequeñas).

(*) Todos los ingredientes se consiguen, sin problemas, en el supermercado.

Paso 1

Deshaz el chocolate en el microondas. Lo tendrás ahí un total de cinco a ocho minutos. ¡OJO!: PARA CADA 30 SEGUNDOS a remover, ¡que si no se quema!

Paso 2

Mezcla los siguientes ingredientes en el recipiente grande: el chocolate fundido + los cuatro huevos + el azúcar + los 200 ml de nata líquida + la levadura.

Paso 3

Ahora con la batidora, en menos de 1 minuto, lo dejas todo bien mezclado.

Paso 4

Añade la harina molida de almendras y mézclala con UNA CUCHARA DE MADERA, NO CON LA BATIDORA. Tiene que quedar MUY BIEN MEZCLADA LA HARINA CON EL RESTO DE LOS INGREDIENTES.

Paso 5

Para que no se pegue, unta con un poquito de mantequilla o margarina el fondo del molde para bizcocho. RECUERDA: QUE SEA SUFICIENTEMENTE HONDO, porque el bizcocho crecerá en el microondas.

Paso 6

Vierte toda la mezcla en el molde. Sírvete de la cuchara de madera para extenderla y que quede bien repartida y homogénea.
¡Ahora al microondas!
7 minutos a máxima potencia (850 W).

Paso 7

Mmmm, toda la casa huele a chocolate... pero OJO, TODAVÍA NO PUEDES SACARLO, ¡¡TIENE QUE REPOSAR OTROS 7 MINUTOS MÁS DENTRO DEL MICROONDAS!!

Paso 8

Espera a que se enfríe muy bien. Desmolda y pasa a una bandeja suficientemente grande.

Paso 9

Corta, con cuidado (*), una porción triangular del bizcocho. El hueco que queda en la porción grande será LA BOCA del pez y el pedacito que has cortado será LA COLA.

Paso 10

Coloca la punta del pedacito que hace de cola junto a la parte redonda de la porción grande. ¡MIRA QUÉ BIEN QUEDA! Ya tienes la forma del PEZ.

(*) Cuidado, ya sabes que te puedes cortar. Si te ayuda un adulto, mucho mejor.

Paso 11

¡¡A DECORAR!!
Ve haciendo, con cuidado y
paciencia, filas de colores con
las grageas, de modo que
cubras al pez de PRECIOSAS
ESCAMAS.

Paso 12

Recuerda que debes dejar
la parte de la cabeza sin
decorar. Y no olvides
guardar un dulce más
grande para hacer
el OJO DEL PEZ.

Paso 13

¡Ya está!
¡GLUB, UN DELICIOSO Y
PRECIOSO PEZ DE CHOCOLATE!
¡A pescar tu porción!

Bomba de fresa

13

¿Es una montaña
de fresas?
¡¡NO, es una
bomba de fresa
y nata!!

Grado de dificultad

1. Hasta el gato podría hacerlo.

2. Para cocinillas con algo de práctica.

3. Para maestros reposteros.

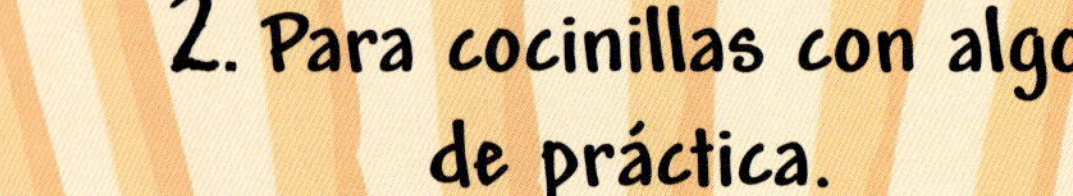

Para 4 o 6 comilones

Con las manos en la masa

Ingredientes

- 3/4 kg de fresas o fresones.
- Una tartaleta de hojaldre (grande y de forma circular) (*).
- 750 g de nata para montar.
- 40 g de gelatina de fresa (esta vez, en polvo).
- 8 cucharaditas de azúcar.

Cacharritos

- Batidora con accesorios de picar y de montar.
- Manga pastelera.
- Cazo.
- Pincel y espátula de cocina.
- Cucharilla y cuchillo (**).

Decoración

- Mermelada de fresa.

(*) Compra en el supermercado la masa de hojaldre fresca. Si recortas un círculo y después añades por el borde otra capa de un par de centímetros de ancho, conseguirás una tartaleta al hornear. No te pases del tiempo que indica en el envase y, al sacar del horno, espera a que se enfríe para hacer la tarta.
(**) Ya sabes, cuidado con el cuchillo. Que te ayude tu pinche.

Paso 1

Si has hecho tú el hojaldre en casa, recuerda que hay que esperar a que se enfríe al sacarlo del horno. Mientras, puedes lavar y cortar las fresas por la mitad. Resérvalas.

Paso 2

Con los accesorios de picar, muele el azúcar y la gelatina; cuanto más en polvo quede, mejor. Reserva también.

Paso 3

Monta la nata (*). Cuando esté medio montada, echa poco a poco el azúcar y la gelatina que, previamente, has picado bien fino. Termina de montar normalmente y... ¡a por la tarta!

(*) Si quieres montarla tú, lee la definición de la página 5 o bien repite el paso 5 de la página 51.

Paso 4

Con la ayuda de la manga pastelera, antes de que la gelatina solidifique la nata, reparte la nata por capas, en forma de montaña, en la tartaleta.

Paso 5

Con la ayuda de una espátula, deja la montaña de nata bien lisa, sin bultos. Poco a poco, por efecto de la gelatina, se irá endureciendo, y así no se desmontará.

Paso 6

Ahora viene el puzle de fresas. Coloca la primera fila de fresas con la punta hacia arriba. Haz lo mismo en la siguiente, pero encajándolas entre los picos de la primera fila, como si construyeras un tejado de fresas.

Paso 7

Una vez terminado, cuando no se vea nada de nata, mezcla en un cazo cuatro cucharadas de mermelada y dos cucharaditas de agua. Calienta y remueve para que la mermelada no esté tan espesa.

Paso 8

Con el pincel de cocina pinta toda la tarta de mermelada para que quede brillante. Luego, un par de horitas al frigorífico. ¡Qué vistosa ha quedado! ¡Nadie se espera su interior!

La famosa tarta de la abuela

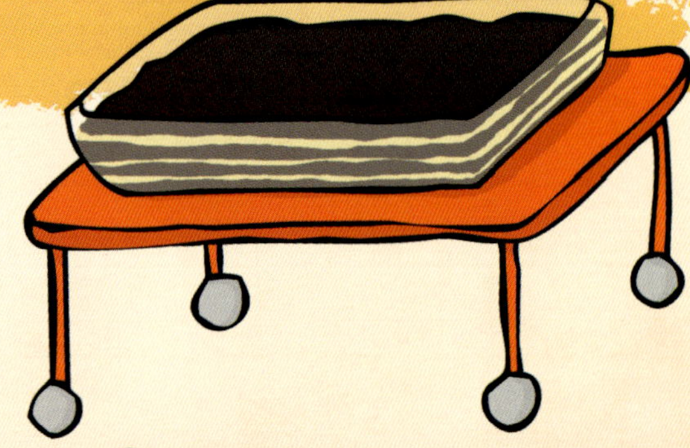

¿Quieres dar la sorpresa de preparar tu tarta de cumpleaños? CON LA CLÁSICA TARTA DE GALLETAS, ¡NO FALLARÁS!

Grado de dificultad

1. Hasta el gato podría hacerlo.

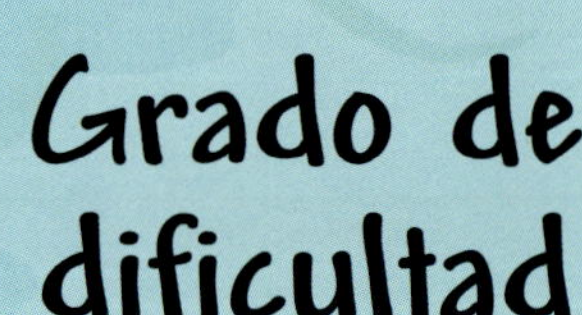

2. Para cocinillas con algo de práctica.

3. Para maestros reposteros.

Para 12 comilones

14

Con las manos en la masa

Ingredientes

- 4 paquetes de galletas rectangulares.
- 1/2 l de leche con cacao soluble (el que usas para el desayuno).
- 1/2 l de chocolate espeso (sirve el chocolate instantáneo a la taza, que se hace en un momento en el microondas).
- 1/2 l de nata montada (*).
- 1/2 l de natillas (**).

Cacharritos

- Fuente pequeña de cristal y otra más grande, tipo bandeja.
- Manga pastelera.
- Cuenco o recipiente ancho
- Espátula.
- Cuchara.

Decoración

- Bolitas de chocolate (como los cacahuetes recubiertos, por ejemplo).

(*) Si quieres montarla tú, lee la definición de la página 5 o bien repite el paso 5 de la página 51.

(**) Para hacer unas deliciosas natillas mira la receta de natillas piratas en la página 14. Recuerda hacerlas un pelín más espesas añadiendo una cucharadita más de maicena; de este modo, la tarta quedará mejor.

Paso 1

Templa la leche con cacao en un vaso o cuenco. Debe quedar TIBIA; NO LA CALIENTES MUCHO.

Paso 2

Echa la leche en la fuente pequeña. Ve introduciendo las galletas en la leche, para que se empapen pero no se ablanden. Cuenta hasta seis y las sacas.

Paso 3

Ve alineando las galletas mojadas de cacao en la fuente tipo bandeja, por filas, hasta que tengas la base cubierta.

Paso 4

Cubre las galletas con una fina capa de chocolate a la taza (que habrás preparado antes). Procura que sea delgada. Con la ayuda de una cuchara o una espátula la dejas bien plana, que no tenga irregularidades.

Vuelve a poner galletas en remojo y, sobre la fina capa de chocolate que hiciste antes, coloca una nueva capa de galletas.

Sobre esa capa de galletas, añade esta vez las natillas. De nuevo procura que sea una CAPA MUY FINA, pero que cubra las galletas perfectamente. Con cuidado las extiendes y alisas con ayuda de la cuchara o de la espátula.

¡Galletas! Ya te lo sabes, ¿verdad? Ahora toca poner más galletas, remojadas en leche con cacao. Y... ¡CHOCOLATE otra vez! Repite el paso 4.

¿Otra vez galletas? ¡Sí, ooootra vez!

Paso 9

Y... ¿qué toca ahora? Pues ya sabes: NATILLAS. Capa lisa y fina.

Paso 10

Venga, que ya terminas: una más de GALLETAS.

Paso 11

¡Sí, esta es la última!: TOCA LA COBERTURA DE CHOCOLATE. Como es la última capa, tienes que cubrir también los laterales.

¿Sabías que el chocolate es, en realidad, amargo? Hace 2.000 años en México, antes de conocer el chocolate como ahora lo conocemos, hacían con él una bebida picante.

Paso 12

Una auténtica tarta de cumpleaños no es lo mismo sin una decoración adecuada, ¿verdad? Vamos allá. Ahora viene el turno de la NATA. Rellena la manga pastelera y pon una boquilla ancha. Haz líneas rectas de un lado a otro hasta cubrir por completo la tarta. Así eliminas las imperfecciones y, además, queda DE PASTELERÍA.

Paso 13

Con la nata sobrante haz montañitas en los bordes de la tarta. Si quieres escribir el nombre del homenajeado o los años que cumple, tendrás que entrenarte un poco con la manga pastelera añadiéndole una boquilla más fina.

Paso 14

Luego decora todo con bolitas de chocolate. Aquí PUEDES HACER USO DE TU IMAGINACIÓN. Seguro que se te ocurren mil cosas para hacer de este pastel de cumpleaños una OBRA DE ARTE.

Tarta de queso y arándanos

Otro clásico y... ¡SIN HORNO! Este delicioso pastel lo puedes hacer, casi, con los ojos cerrados.

Grado de dificultad

→ 1. Hasta el gato podría hacerlo.

2. Para cocinillas con algo de práctica.

3. Para maestros reposteros.

Para **10** comilones

Con las manos en la masa

Ingredientes

- 150 g de galletas redondas.
- 70 g de mantequilla o margarina.
- 600 g de queso crema de untar (que NO esté frío).
- 200 ml de *crème fraîche* (nata fresca) (*).
- 400 g de leche condensada.
- 12 láminas de gelatina neutra.

Cacharritos

- Batidora o rodillo de amasar.
- Cuchara y espátula.
- Molde redondo de tarta desmontable.
- Recipiente grande.
- Cazo.
- Papel para hornear.

Decoración

- Mermelada de arándanos.

(*) Si no encuentras, puedes
usar nata líquida normal.

Paso 1

Tritura las galletas con la batidora, con el accesorio de picar, hasta que quede un polvo fino (cuanto más fino, mejor). Ojo con la batidora, ¡puede ser peligrosa! También se puede hacer con un rodillo.

Paso 2

Derrite la mantequilla y mezcla con el polvo de galleta. Quedará una pasta pegajosa.

Paso 3

Cubre el molde con papel para hornear o se pegará la tarta a la base y luego no podrás sacarla sin romperla.

Paso 4

Extiende la pasta de galleta y mantequilla. Con ayuda de una espátula alisa la superficie, de modo que quede una capa de medio centímetro bien plana.

Paso 5

Mete el molde en el congelador
para que la mantequilla se
solidifique y te quede una
base bien firme.

Paso 6

Hidrata con agua
tibia la gelatina
en un recipiente
adecuado (y grande,
porque tienen que caber casi todos
los ingredientes que falta por usar).

Paso 7 

Mientras se hidrata la gelatina, pon la
nata fresca a calentar A FUEGO LENTO.
Remueve lentamente.

Añade poco a poco el queso de untar, mientras remueves, para que se vaya deshaciendo y mezclando bien con la nata. Una vez que el queso esté disuelto, echa también los 400 g de leche condensada poco a poco, sin parar de remover, hasta que se mezcle bien.

Cuando tengas estos tres ingredientes (nata, leche condensada y queso de untar) bien disueltos, retira del fuego. Recuerda: NO DEBE LLEGAR A HERVIR. TODO A FUEGO LENTO. Enseguida, debes añadir las 12 láminas de gelatina hidratadas. Remueve bien para que se disuelvan con la mezcla.

Ya puedes sacar el molde del congelador. Rellénalo con la mezcla que acabas de hacer. Espera a que se enfríe un poco y A LA NEVERA.

Paso 11

Pasadas cuatro horas de nevera, y sin desmoldar aún, puedes AÑADIR LA MERMELADA DE ARÁNDANOS SOBRE LA TARTA. Extiende una fina capa.

Paso 12

Este pastel de queso y arándanos está mucho más rico de un día para otro. Si esperas 24 horas, se espesará y quedará PERFECTO. Solamente falta desmoldar con cuidado y A SORPRENDER A TODOS CON ESTA DELICIA.

Tarta de piña con hojas de chocolate

16

Grado de dificultad

1. Hasta el gato podría hacerlo.

2. Para cocinillas con algo de práctica.

3. Para maestros reposteros.

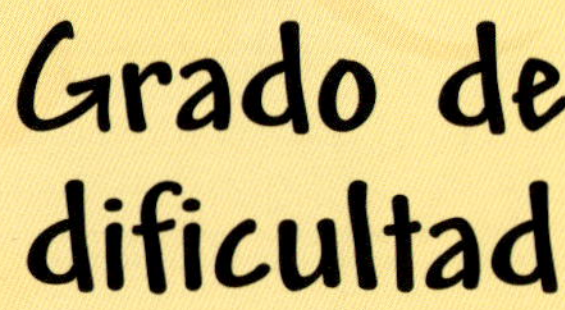

¿Una tarta? ¿Un bosque otoñal? Fácil, rica… ¡y absolutamente sorprendente!

Para 10 comilones

Ingredientes

- 150 g de galletas redondas.
- 70 g de mantequilla o margarina.
- 1/2 kg de piña en almíbar.
- 1 l de nata líquida para montar, con 35% MG.
- 2 sobres de gelatina de piña.

Cacharritos

- Batidora con accesorio de picar.
- Molde de tarta desmontable.
- Papel para hornear.
- Cuchara.
- Pincel y espátula de cocina.
- 2 cazos.

Decoración

- Chocolate blanco, negro y con leche.
- Hojas de árbol o de plantas (que estén tiernas; las hojas secas no valen. Cuanto más se les note la nervadura, mejor. Y si son grandes y de tamaño similar unas a otras, estupendo) (*).
- Algodón (para lavar las hojas).

(*) ¡¡OJO, no vayas a escoger un árbol con hojas tóxicas!!

Paso 1

La base de esta tarta es como la de queso (*), así que… lo primero es picar las galletas hasta obtener un polvo fino.

(*) Tarta de queso y arándanos, página 84.

Paso 2

Ahora derrite la mantequilla y mezcla con el polvo de galletas. Quedará una pasta pegajosa.

Paso 3

Cubre el molde con papel para hornear; si no, se pegará la tarta a la base y luego no podrás desmoldarla sin romperla.

Paso 4

Solo queda, para terminar la base, que extiendas la masa de galleta y mantequilla con la espátula hasta dejar una capa de medio centímetro bien suave y lisa. Métela en el congelador para que la mantequilla se solidifique y te quede una base firme y resistente.

Paso 5

Escurre la piña en almíbar (NO DESECHES TODO EL ALMÍBAR, RESERVA UN VASO, QUE LUEGO LO VAS A USAR) y tritura bien con la batidora hasta que te quede una pasta amarilla (que huele muy bien pero tiene una pinta rara, la verdad).

Paso 6

Calienta el almíbar de la piña que has reservado e hidrata la gelatina con él. Deja templar.

Paso 7

Monta la nata con las varillas de montar. Con que quede consistente y no se caiga ni escurra, es suficiente (*).

(*) En la página 5 te explicamos cómo se hace.

Paso 8

Añade muy despacio la nata a la piña triturada. Hazlo con constantes movimientos circulares para que la nata NO SE DESMONTE.

Paso 9

Solo te queda incorporar la gelatina, previamente desleída en el almíbar de piña. Recuerda remover para que quede bien mezclado todo.

Paso 10

Finalmente saca del congelador la base, rellénala con la mezcla que acabas de elaborar y… al frigorífico durante varias horas.

Paso 11

Toca lo más divertido: DECORAR CON HOJAS DE ÁRBOL. Lávalas bien con algodón y agua. Recuerda que es mejor que no sean pequeñas o te será difícil «pintarlas». Déjalas secar.

Paso 12

Funde los chocolates, POR SEPARADO, al baño maría (*). (Si decides hacerlo en el microondas, que sea a baja potencia y parando para remover cada 30 segundos).

(*) Viene explicado en la página 5 de este libro.

Paso 13

Una vez fundidos los chocolates, pinta una cara de las hojas con el pincel. Pon una capa de chocolate en cada hoja. ¡Quedarán blancas, negras y marrones!

Paso 14

Mete las hojas en el congelador hasta que el chocolate se solidifique. Cuando esté duro, podrás quitar la hoja que ha servido de molde. YA TIENES TUS HOJAS DE CHOCOLATE PARA DECORAR LA TARTA.

Paso 15

Colócalas sobre la tarta desde el centro hacia afuera, haciendo círculos de colores… ¡O COMO PREFIERAS!

Bizcocho de artistas

La receta de bizcocho más tradicional para que **LO DECORES LIBREMENTE COMO UN GRAN ARTISTA.**

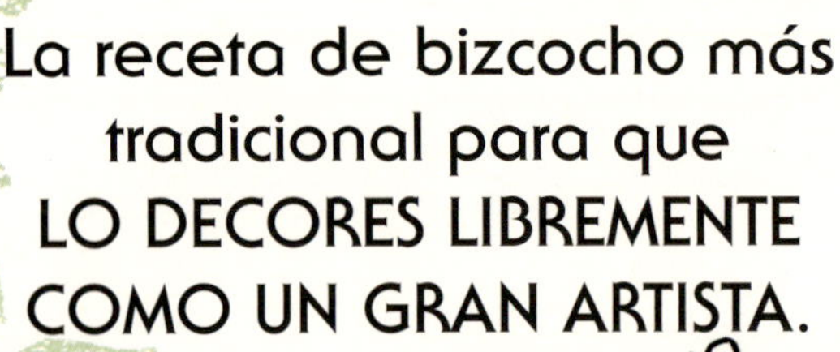

17

Grado de dificultad

1. Hasta el gato podría hacerlo.

2. Para cocinillas con algo de práctica.

3. Para maestros reposteros.

Para **10** comilones

Con las manos en la masa

Ingredientes

- 5 huevos.
- Un vaso de harina (*).
- Un vaso de aceite de girasol (*).
- Un vaso de azúcar (*).
- 4 sobres de gasificante de repostería (2 azules y 2 blancos) (**).

Cacharritos

- Molde grande desmontable.
- Batidora.
- Recipiente grande para mezclar.
- Varillas de batir manuales.

Decoración

- Puedes tomar ideas de este libro: nata con la manga pastelera, grageas de colores, formas hechas con molde, chocolate fundido, fideos multicolores, chocolate en polvo, frutas naturales... ¡dale a la imaginación, artista!

(*) El vaso debe ser siempre del mismo modelo y tamaño; es un modo de no tener que pesar las cantidades.
(**) Los venden en los supermercados y suelen ir de dos en dos.

Paso 1

Primero casca y echa los cinco huevos en un recipiente grande para mezclar.

Paso 2

Incorpora el vaso de harina, remueve, y después añade el de azúcar. Vuelve a remover. Luego haz lo mismo con el vaso de aceite. Por último, añade los sobres de gasificante.

Paso 3

Solo queda que lo pases por la batidora un buen rato, hasta que quede una masa uniforme.

Paso 4

Vierte la mezcla en el molde. RECUERDA que el MOLDE debe ser PROFUNDO, PORQUE ESTE BIZCOCHO CREEEEECE MUCHO.

Paso 5

Precalienta el horno a 200 °C durante 10 minutos y hornea la masa unos 40 minutos. Además de controlar los minutos necesarios, puedes darte cuenta de que está listo porque subirá y se tostará por arriba, perfumando toda la casa. Saca del horno y deja enfriar para desmoldar.

Paso 6

De todas las decoraciones que has visto en este libro, ¿cuál te gusta más? ¡EN ESTE BIZCOCHO TE PROPONEMOS QUE USES TU IMAGINACIÓN PARA DECORARLO! ¡Saca el artista que llevas dentro!

¡FRUTAS
NATURALES!

¡A la fresquita limonada de fresas!

Grado de dificultad

→ 1. Hasta el gato podría hacerlo.

2. Para cocinillas con algo de práctica.

3. Para maestros reposteros.

Para 4 comilones

¡Mmmm... deliciosa y refrescante limonada de fresas!

Con las manos en la masa

Ingredientes
2 limones gordos.
1 vaso y 1/2 de agua.
4 cucharaditas de azúcar.
1/2 kg de fresas.

Cacharritos
Exprimidor y colador.
Cuchara y cuchillo.
Cazo.
Batidora.
4 vasos altos para servir.

Decoración
4 pajitas.
2 fresas enteras.

Paso 1

Calienta el agua en un cazo y, cuando vaya a comenzar a hervir, echa el azúcar para que se disuelva bien y quede una especie de almíbar. DEJA QUE SE ENFRÍE TOTALMENTE.

Paso 2

Exprime los dos limones y reserva el zumo.

Paso 3

Lava y corta las fresas (cuidado con el cuchillo). Pasa por la batidora. Reserva dos fresas enteras para decorar.

Paso 4

Mezcla las fresas con el zumo de limón y el agua azucarada.

Paso 5

Déjalo ENFRIAR MUCHO, MUCHÍSIMO. Puedes, incluso, meterlo en el congelador un rato.

Paso 6

Sirve en cada vaso alto, con una pajita, y decóralo con una porción de fresa cortada y encajada en el borde.

105

Batido de frutas

Ingredientes (para 1 comilón)
- Fruta a tu gusto (según de qué quieras hacer el batido).
- Un yogur griego azucarado.
- Un poco de leche (solo si la fruta es muy espesa, como por ejemplo el plátano).

Cacharritos
- Batidora.
- Vaso alto para servir.
- Cuchillo.

Decoración
- Hojas de menta.
- Pajita.

Hasta el gato podría hacerlo.

Con las manos en la masa

Paso 1

Lava, corta y pela la fruta elegida. Mejor si está fresquita. Reserva, para decorar el vaso, algún pedazo o pieza entera (en caso de ser cerezas, fresas u otra fruta de ese tamaño).

Paso 2

Mete toda la fruta en la batidora y añade el yogur. Luego bate todo junto.

Paso 3

Sirve en el vaso alto y ponle una pajita. Decora antes de servir con una porción de fruta cortada y encajada en el vaso. Añade una hojita de menta.

Dibujar con frutas: isla del tesoro

Tienes por delante cinco dibujos con frutas.
Cada plato es para 1 o 2 comilones.
Es muy muy fácil de preparar, sano y divertido.

Ingredientes

- Un plátano.
- Un kiwi.
- Una mandarina.

Cacharritos

- Plato llano grande.
- Cuchillo.

Con las manos en la masa

Paso 1

Pela la fruta. Desgaja la mandarina.

Paso 2

Corta el plátano a lo largo en dos partes. Vuelve a cortar, pero esta vez en rodajas a lo ancho. Corta el kiwi por la mitad, a lo largo, y luego en varios gajos (también a lo largo).

Paso 3

Comienza el dibujo sobre el plato. Los gajos de mandarina serán la «tierra de la isla». Colócalos unos ligeramente sobre otros, a modo de tejas.

Paso 4

Luego añade las rodajas de plátano para hacer el tronco de la palmera. Pon los trozos enfrentados para que parezca la curvatura de los árboles. El kiwi será las hojas de palmera.

Dibujar con frutas: oruga tejiendo

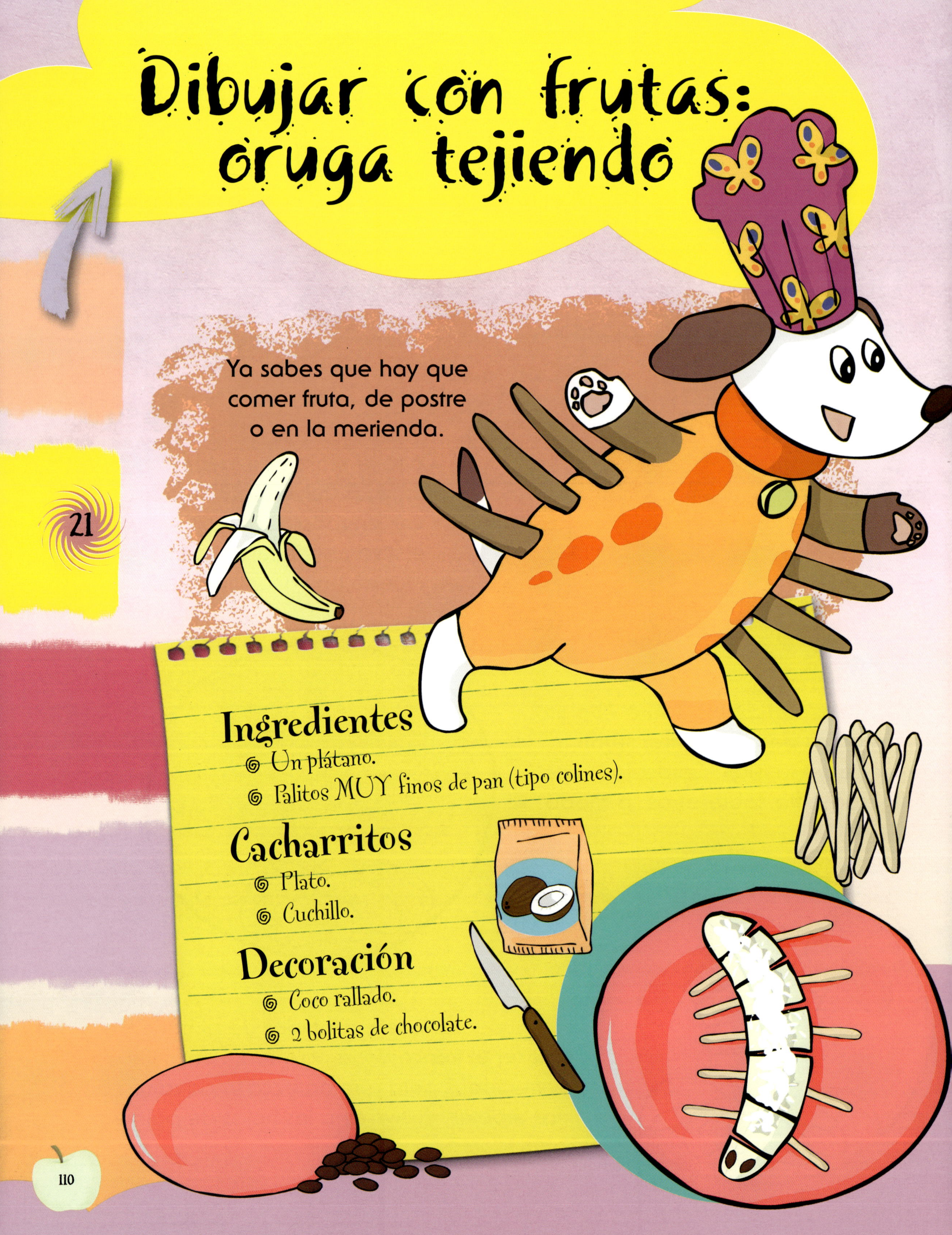

Ya sabes que hay que comer fruta, de postre o en la merienda.

Ingredientes
- Un plátano.
- Palitos MUY finos de pan (tipo colines).

Cacharritos
- Plato.
- Cuchillo.

Decoración
- Coco rallado.
- 2 bolitas de chocolate.

Con las manos en la masa

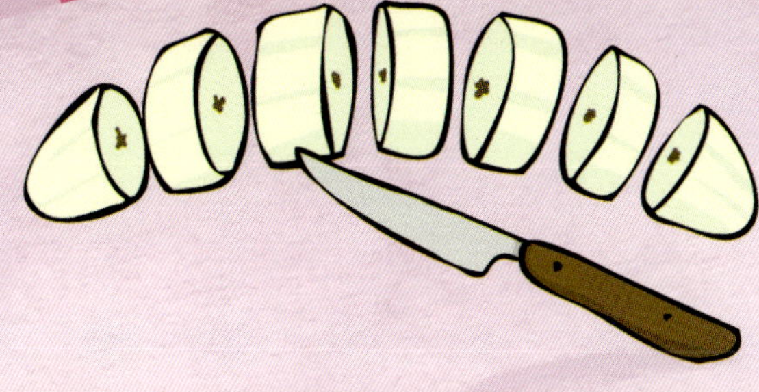

Paso 1

Pela el plátano y córtalo a lo ancho en rodajas más bien gruesas. Ojo con el cuchillo, que te ayude tu pinche.

Paso 2

A cada rodaja de plátano le pones sus «patitas», que serán los palitos atravesados.

Paso 3

Ahora, con cuidado, lo depositas en el plato, con las patitas hacia fuera como si fuera una oruga.

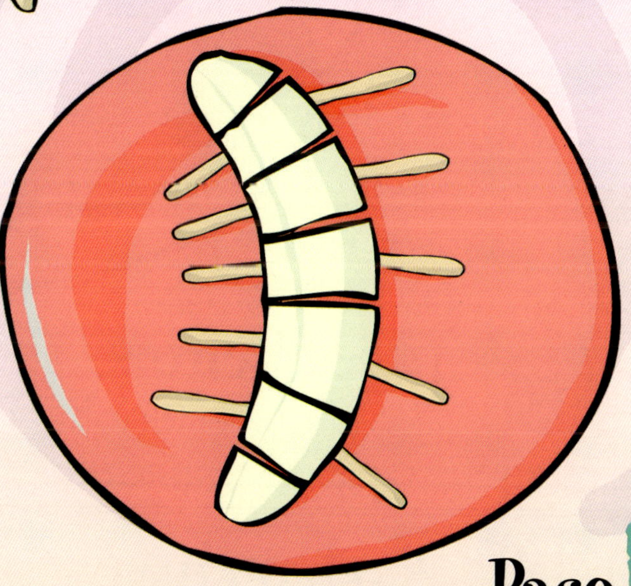

Paso 4

Ahora a decorar. Los ojitos serán las dos bolitas de chocolate. Espolvorea un poco de coco rallado por encima, porque la oruga ya está tejiendo su abrigo. Así da gusto comer fruta, ¿verdad?

Dibujar con frutas: la tortuga Casimira

Ingredientes
- Una pera bien redondita.
- 2 uvas medianas + una gorda + una pequeña.

Cacharritos
- Plato.
- Cuchillo.

Decoración
- 2 semillas de sésamo o de anís.

22

Con las manos en la masa

Paso 1 ▷

Lava y corta la pera: una rodaja a lo ancho, por la parte más gruesa. Queda un círculo perfecto, ¿verdad?

Paso 2 ▷

Luego lava las uvas y corta por la mitad solo las dos medianas.

Paso 3

Pon la pera en el centro del plato y las uvas cortadas, a modo de patitas, en los lados.

Paso 4 ▷

Añade la uva gorda sin cortar, a modo de cabeza, en la parte superior. Haz lo mismo con la pequeñita, esta vez abajo: será la cola. Las dos semillas de sésamo tostado irán sobre la uva grande y serán los ojitos.

¡QUÉ BONITA TORTUGA!

Dibujar con frutas: el rey león

Ingredientes

- Una rodaja de piña.
- Una mandarina pelada (o 2).
- 4 rodajas de plátano.

Cacharritos

- Plato.
- Cuchillo.

Decoración

- 2 aceitunas negras sin hueso.
- 3 palitos de pan.
- Una rodaja de zanahoria.

Con las manos en la masa

Paso ▷ 1

Pon en el centro del plato la
rodaja de piña. Con los gajos de
la mandarina alrededor de la piña,
dibuja la melena del león.

Paso 2

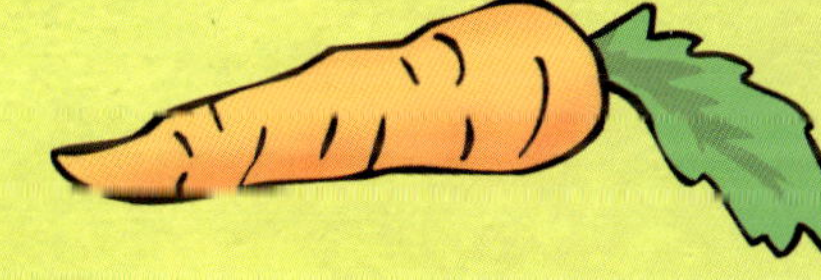

Pon, a modo de ojos y orejas, los cuatro
trozos de plátano. Los ojos sobre la piña
y las orejas en la zona de la «melena».

Paso 3

Corta la rodaja de zanahoria hasta conseguir
un triángulo y colócalo a modo de hocico, con
la punta hacia abajo. Justo debajo, coloca tres
palitos de pan cruzados.

Paso 4

De una aceituna, corta una
sección del centro, de modo
que quede en forma de aro;
pártelo por la mitad y colócalo bajo
la nariz; será la boca. Luego corta otra
aceituna por la mitad; serán las pupilas.

Dibujar con frutas: ¡es... pera, conejo!

Ingredientes
- Una pera redondita.
- Un plátano.

Cacharritos
- Plato.
- Cuchillo (ya sabes, ¡cuidado!).

Decoración
- Una aceituna negra sin hueso.
- Una zanahoria.
- Una mora.

Con las manos en la masa

Paso 1

Lava la pera y corta una rodaja a lo ancho, por la parte más gruesa. Coloca la rodaja en el centro del plato.

Paso 2

Pela y corta el plátano a lo largo. Vuelve a cortar por la mitad a lo ancho; coloca dos mitades sobre la pera; serán las orejas.

Paso 3

Corta seis palitos finos de zanahoria. Pon tres a cada lado sobre el centro de la pera, a modo de bigotes. Luego corta la aceituna por la mitad y ya tienes los ojos.

Paso 4

Ya solo falta colocarle al animalito la nariz, que será la mora. Si no tienes mora, también te vale una fresa pequeña o un arándano.

Índice